Fiche **philosophe**

Par Aurélie Garon

Pascal

lePetitPhilosophe.fr

PASCAL

PHILOSOPHE ET SCIENTIFIQUE FRANÇAIS

- **Né en 1623 à Clermont-Ferrand**
- **Décédé en 1662 à Paris**
- **Quelques-unes de ses œuvres :**
  - *Les Provinciales* (correspondance, 1656-1657)
  - *De l'esprit géométrique et de l'art de persuader* (1658)
  - *Pensées* (1670)

Au regard de l'histoire de la philosophie, Blaise Pascal se situe **dans l'écart** : pour certains, il n'est pas un philosophe, mais un « savant et un apologiste de la religion catholique » ou encore un moraliste, et il se trouve souvent relégué aux confins de la littérature. Cela tient notamment à **la beauté de son style**, en parfaite adéquation avec ses idées. Nombreuses sont les phrases pascaliennes devenues des expressions courantes de la langue française : « Le cœur a ses raisons que la raison ne connaît point », « L'homme est un roseau pensant », etc.

En réalité, il est le **penseur de la condition humaine et de ses affres existentielles**, et en cela, ses écrits ont une réso-nance profondément universelle. Il fait prendre conscience aux hommes que la vérité n'est en rien celle définie par les sciences : elle est en eux et loin d'eux. Il ouvre ainsi la voie aux philosophes existentialistes.

Pascal est également l'auteur de nombreux ouvrages scien-tifiques, mais c'est son recueil inachevé, les *Pensées*, qui a principalement contribué à sa célébrité.

BIOGRAPHIE

DES DÉBUTS SCIENTIFIQUES

Blaise Pascal nait à Clermont-Ferrand en **1623** d'un **père mathématicien et juriste**, président de la Cour des aides, mais c'est à Paris que sa famille s'installe. Il perd sa mère à l'âge de trois ans. Son père, lié aux plus grands mathématiciens de l'époque, est son unique professeur. Le jeune Pascal passe ainsi la plupart de son temps dans le salon de ce dernier et assiste à ses conversations scientifiques. C'est dans ce contexte que son **gout pour les mathématiques** s'éveille. Son génie précoce se révèle lorsqu'il rédige à l'âge de seize ans son *Essai sur les coniques* : il élabore seul des axiomes et des définitions, et réinvente la géométrie. Il met également au point en 1642 la première machine à calculer, la pascaline. C'est un **travailleur acharné** malgré sa santé fragile.

En **1646**, sa famille se convertit à une foi plus austère en adhérant au **jansénisme**. Au même moment, il fait l'expérience avec son père de la pression atmosphérique et de l'existence du vide. Il rédige à cet égard ses *Expériences nouvelles touchant le vide* (1647), puis le *Traité de l'équilibre des liqueurs* et le *Traité de la pesanteur de la masse de l'air* (qui seront publiés en 1654).

BON À SAVOIR

Le **jansénisme** est une doctrine catholique issue des travaux du théologien hollandais Jansénius (1585-1638), qui restaure la toute-puissance de Dieu, ainsi que les théories de la grâce et de la prédestination de l'homme. Ce courant suscita de violentes querelles théologiques durant tout le XVIIe siècle et fut l'objet d'une répression implacable de la part de l'autorité royale. Le siège du jansénisme en France fut Port-Royal, une abbaye catholique parisienne.

UNE PÉRIODE MONDAINE

Lorsque son père meurt et que sa jeune sœur entre dans les ordres à l'abbaye de Port-Royal, Pascal entame une période mondaine. **Entre 1651 et 1654**, il se mêle ainsi aux conversations frivoles des compagnies à la mode, goute aux jeux de hasard et affiche son penchant pour les femmes. Il devient une figure incontournable des soirées mondaines parisiennes, où il fait de **nombreuses rencontres**. Il entretient aussi une correspondance importante avec le grand mathématicien Pierre de Fermat (1601-1665) au sujet de la répartition des enjeux suivant les chances de gain lorsqu'une partie de jeu est interrompue. Cela aboutira à la publication de *La Règle des partis* (1654) et d'une *Histoire de la roulette* (1658).

Cette période tumultueuse ne l'empêche cependant pas de **poursuivre ses expériences scientifiques** : il invente la presse hydraulique et les « carrosses à cinq sols », un système de transport en commun.

UNE EXISTENCE VOUÉE À DIEU

Trois évènements décisifs, interprétés comme des signes de Dieu, mettront un terme à cette période mondaine en **1654** :

- Pascal réchappe d'abord d'un accident sur le pont de Neuilly et attribue ce salut à Dieu ;
- il assiste ensuite à la guérison miraculeuse de sa nièce d'une fistule lacrymale grâce à un reliquaire contenant un éclat de la couronne du Christ posé sur son œil ;
- enfin, au cours d'une nuit d'illumination et d'extase (le 23 novembre 1654), il vit une expérience mystique à la suite de laquelle il écrit le *Mémorial* et le coud dans la doublure d'un vêtement qu'il gardera jusqu'à sa mort.

Cette expérience mystique le conduit à se vouer totalement à Dieu et à mener une **existence d'ascète à Port-Royal**, véritable refuge spirituel et intellectuel. Il portera même en permanence sur sa chair une ceinture de fer pleine de pointes. Sa quête de pureté fut telle qu'il refusa que l'on s'attache à lui, affirmant qu'aucune créature n'est digne d'être aimée pour elle-même. Pour lui, c'est dans et par l'amour porté à Dieu que l'on accède à la charité envers son prochain. Il stigmatise la morale des jésuites et défend le jansénisme dans *Les Provinciales*, des lettres écrites entre 1656 et 1657 qui seront diffusées clandestinement. Il entreprend ensuite, en **1656**, sa grande œuvre sur **l'apologie de la religion chrétienne**, les futures *Pensées*, qu'il laissera inachevée et qui sera publiée de manière posthume – à l'instar de plusieurs de ses œuvres. Les souffrances physiques qui le tiraillent depuis son jeune âge ont raison de lui et **il meurt** précocement **en 1662**.

CONTEXTE PHILOSOPHIQUE

LE XVIIe SIÈCLE, UN SIÈCLE DE PROFONDES MUTATIONS

Le XVIIe siècle porte en creux une véritable mutation de l'intellect humain qui passe par une révolution scientifique opérée par les **découvertes de Galilée** (1564-1642) **et de Newton** (1642-1727). À la différence de l'ancienne physique, issue des principes d'Aristote (384-322 av. J.-C.), la nouvelle physique impose l'ordre rigoureux des mathématiques auquel tout doit se plier : la nature est écrite en langage mathématique et **la raison scientifique s'impose**.

Dorénavant, **l'idée d'un univers sans limites** se substitue à celle d'un monde clos, comme le défendait la tradition aristotélicienne, et l'homme n'est plus le centre du monde, ce qui signifie qu'il doit affronter l'infini. Ce bouleversement trouve une résonance dans d'autres domaines que la science, notamment dans les sphères religieuse et philosophique.

PASCAL ET LE CARTÉSIANISME

Au regard de ce monde changeant et chaotique, **René Descartes** (1596-1650), en accord avec son temps, élabore un nouveau système de pensée, inaugurant une rupture décisive : avec le cartésianisme advient **le règne de la toute-puissance des mathématiques et de la raison**.

La philosophie de Descartes s'articule autour de **trois objectifs fondamentaux** :

- **élaborer une méthode** qui garantisse le bon usage de la raison et par laquelle l'homme pourra distinguer le vrai du faux, et ainsi parvenir à la connaissance vraie ;
- **rechercher les premiers principes**, les fondements absolus du savoir, afin de constituer un système total du savoir. Pour ce faire, Descartes recourt au doute systématique : le doute s'attaque aux opinions, mais aussi à la croyance dans l'existence de la réalité, des corps et du monde. Ce faisant, il conduit à la découverte d'une première certitude, le *cogito*, c'est-à-dire la conscience de soi. En effet, si je doute, c'est que je pense, et si je pense, c'est que j'existe en tant que substance pensante. À partir de là, Descartes construit sa métaphysique : l'existence de Dieu est la seconde certitude, issue du *cogito*. L'homme possède en lui l'idée de Dieu, mais il ne peut en être la cause puisqu'il est un être fini. Par conséquent, il faut que Dieu l'ait mise dans son esprit lui-même, ce qui signifie qu'il existe ;
- **préparer la voie vers la « plus haute et plus parfaite morale »** (Préface aux *Principes de la philosophie*, 1644). L'homme doit, selon Descartes, soumettre ses passions, causées par l'action du corps, à la raison.

Pascal stigmatise avec virulence le rationalisme de Descartes qui ne perçoit pas la dimension tragique et misérable de l'existence humaine. Il lui reproche notamment d'ignorer totalement les mystères du mal, de la grâce, de la chute et de l'amour de Dieu, consubstantiels à la condition humaine. Les principes cartésiens sont issus selon lui d'un raisonnement purement abstrait et totalement étranger à l'expérience de l'homme dans le monde. Il dénonce un Dieu créé uniquement pour les philosophes, alors même que l'homme est un être malheureux dont l'ultime salut se situe dans l'amour de Dieu et la grâce.

PASCAL ET MONTAIGNE

Le **scepticisme érudit** de Michel Eyquem de **Montaigne** (1533-1592) irriguera tout le XVIIᵉ siècle. L'écrivain et humaniste, dans ses *Essais* (1580-1595), a pour objectif de se peindre lui-même, afin de se connaitre, pour apprendre à « bien vivre » et à « bien mourir ». Il aborde de nombreux sujets, comme la médecine, la nature ou le savoir-vivre, et y mêle des réflexions issues de la vie quotidienne sur lui-même et sur l'homme en général. Il donne notamment à voir **la faiblesse et la fragilité de l'homme, sans cesse trompé par son imagination**.

L'œuvre de Pascal est influencée en partie par la pensée de Montaigne, dans sa considération de la faiblesse de l'homme, mais elle s'en affranchit par certains aspects : **Pascal reproche notamment à l'écrivain de se complaire dans son moi et d'en faire le centre de tout** (*Pensée* 455-597). Or, selon Pascal, le divertissement, le jeu, les conversations ou autres amusements détournent l'homme de lui-même, l'empêchant de songer aux questions existentielles (Où vais-je ? D'où viens-je ?). Aussi le bonheur ne se trouve-t-il pas en nous mais en Dieu seul. Il s'agit donc de changer de perspective et de **placer la condition humaine**

sous le sceau de Dieu, seul salut possible.

QUERELLES THÉOLOGIQUES

Le XVIIe siècle est marqué par une **violente querelle théologique opposant les jésuites aux jansénistes** et à laquelle Pascal prendra part.

La dispute porte sur **les rapports entre la grâce divine et la liberté humaine** :

- **les jansénistes** pensent que **seule la grâce divine peut sauver l'homme** dont la nature corrompue depuis le péché originel l'attire vers l'amour de soi, le mal et le plaisir. Cette grâce est toujours efficace en ce qu'elle accomplit la volonté d'un Dieu tout-puissant. Le libre-arbitre de l'homme suit cette grâce divine, ce qui signifie que la volonté humaine revêt une forme d'impuissance ;
- **les jésuites** sont en revanche plus optimistes sur la nature humaine, jugeant que **les hommes sont pleinement libres d'accepter ou non la grâce divine** qui leur est

proposée.

De graves conflits surgissent en **1640**, avec la publication posthume de l'*Augustinus* par **l'évêque Jansénius** : la grâce est selon lui nécessaire à l'accomplissement de l'œuvre bonne et la prédestination n'entrave pas la liberté humaine. Un acte n'est véritablement libre que lorsque le cœur désire et fait ce que Dieu lui indique. Les jésuites s'érigent contre cette thèse et l'ampleur des conflits fut telle que leurs propos et ceux de l'*Augustinus* furent condamnés par l'Inquisition.

Pascal est quant à lui le **chantre du jansénisme** et confère une aura plus grande à la querelle en l'immisçant dans les conversations mondaines grâce à la publication des *Provinciales* en 1656. Cette dispute n'est dès lors plus confinée à un cercle restreint de théologiens. Le penseur se fait le pourfendeur des jésuites en usant de sa verve et de son sarcasme dans ces lettres. Il prend ainsi part aux conflits de son siècle.

PENSÉE ET APPORT

L'œuvre de Pascal s'attache principalement à penser, d'une part, **les différents domaines du savoir**, d'autre part, **la condition humaine**. Dans ce dernier domaine, il propose aux hommes d'orienter leur vie sous l'égide de la religion chrétienne.

Le penseur érige au préalable **des méthodes et des principes propres à atteindre la connaissance vraie**. Il en appelle à la pluralité des méthodes et à la nécessité de l'expérience, et estime que l'esprit de géométrie et l'esprit de finesse sont indissociables. En outre, l'art de la persuasion participe également de cette recherche de la vérité.

Ces outils sont ensuite mis en œuvre pour **façonner son projet apologétique de la religion chrétienne**. Pour Pascal, la nature humaine pose des problèmes que seule la religion est en mesure de résoudre. Il donne d'abord à voir la misère et la grandeur de la condition humaine, puis analyse ensuite le divertissement, dans lequel l'homme se fourvoie. Cette vaine échappatoire existentielle donnera lieu au pari sur l'existence de Dieu, ultime salut s'il en est.

Sa **morale** se façonne alors à l'aune de l'existence de Dieu sur laquelle il a parié. Plus précisément, sa réflexion morale prend forme dans l'idée de charité et s'ancre dans des déterminations d'ordre politique et social.

MÉTHODES ET PRINCIPES

Une pluralité de méthodes

Les recherches de Pascal se déploient dans une multitude de domaines (mathématiques, physique, rhétorique, etc.) et il élabore une pluralité de méthodes pour atteindre la connaissance vraie. En fait, dès lors que surgit un problème, il invente une méthode précise, composée de notions et de principes spécifiques, destinée à résoudre seulement un problème particulier.

En effet, selon lui, **l'esprit doit s'ajuster au domaine qu'il traite en adaptant ses méthodes**. Pascal n'a ainsi de cesse d'inaugurer des voies nouvelles dans lesquelles il s'engage avec fougue et passion. En mathématiques, il crée par exemple le calcul des chances et, en physique, ses travaux sur l'hydrostatique et la barométrie donnent l'impulsion à l'étude de la mécanique des fluides.

L'importance de l'expérience

En outre, sa qualité de savant lui fait énoncer la nécessité absolue de l'expérience. Pour lui, **la vérité se trouve dans l'expérience et non dans la raison**. Par exemple, au regard de la question du vide, c'est grâce à sa célèbre expérience du Puy de Dôme qu'il a prouvé que l'atmosphère exerçait une pression. Il s'érige par là **contre les principes universels de connaissance énoncés par Descartes**. Il déploie sa critique dans *Les Provinciales* et les *Pensées*. Pour Pascal, il s'agit de déduire des principes à partir de l'expérience et non à partir d'un pur raisonnement abstrait.

Pascal accorde la primauté à l'expérience dans le domaine scientifique, mais également dans celui, plus subjectif, du « moi dans le monde », autrement dit dans le rapport de l'homme au monde.

Esprit géométrique et esprit de finesse

La connaissance de la vérité s'acquiert non seulement par l'expérience, mais aussi par ce que Pascal nomme l'« esprit géométrique » et l'« esprit de finesse ». Ces deux modes de connaissance doivent se combiner pour atteindre la vérité :

- **l'esprit géométrique** est lié à l'usage de **la raison**. Il implique une rigueur absolue du raisonnement, prend sa source dans des principes abstraits comme les démonstrations géométriques, par exemple, et élabore des démonstrations et des preuves rationnelles ;
- **l'esprit de finesse** est orienté par **le cœur**. Il s'agit d'une faculté intuitive de discernement qui appréhende en un coup d'œil toute la complexité d'une réalité concrète et ce de façon immédiate.

Pascal oppose ainsi la raison à ce qu'il appelle le « cœur », qu'il nomme également « instinct » ou encore, plus rarement, « intelligence ». Le cœur est cette faculté d'accéder à des vérités de façon intuitive. Par conséquent, **l'intelligence intuitive est à la fois antérieure et supérieure à la raison** :

- antérieure, car elle lui donne ses principes premiers (le temps ou le mouvement dont notre corps fait l'expérience par exemple) ;
- supérieure, car ses connaissances sont plus certaines.

Ces deux modes de connaissance doivent **se combiner pour atteindre la vérité** (citation 1). Notons que l'argument du « cœur et de la raison » constituera la clé de voute de l'œuvre apologétique de Pascal : selon lui, on ne peut connaitre Dieu par la raison, mais uniquement par l'intuition. À cet égard, le philosophe oppose souvent la foi fervente des simples, qui ont l'intuition de l'existence de Dieu, aux discours des philosophes qui déploient leur raisonnement pour démontrer l'existence de Dieu.

L'art de la persuasion

Si la vérité peut être atteinte grâce à l'esprit géométrique et à l'esprit de finesse, **la transmission de la connaissance vraie** est quant à elle **indissociable d'une technique rhétorique : l'art de persuader**. Après s'être penché sur les moyens d'atteindre la connaissance vraie, Pascal étudie la manière de transmettre la vérité.

Dans *De l'esprit géométrique et de l'art de persuader*, il explique cet art de susciter l'adhésion des esprits par le moyen de preuves rationnelles usitées dans l'esprit de géométrie. Pascal affirme l'importance de **prendre en considération la psychologie de son interlocuteur** afin de le faire agréer à ses convictions. Pour lui plaire et obtenir son adhésion, les assertions doivent être étroitement liées aux objets qui l'intéressent. Ainsi, la rhétorique pascalienne se révèle être un art de s'adapter à son interlocuteur, au gré des circonstances. Dans les *Pensées*, par exemple, le philosophe cherche à convertir le libertin (au XVIIe siècle, libre-penseur qui porte un jugement critique sur la religion dominante) à la foi chrétienne : dans ce dessein, il se place du point de vue de cet interlocuteur et utilise son langage.

Après avoir élaboré des méthodes qui lui sont propres afin d'atteindre la connaissance vraie et établi la nécessité de l'expérience, ainsi que l'importance de l'esprit de géométrie, de l'esprit de finesse et de l'art de la persuasion, Pascal utilise ces outils pour penser la nature humaine. Celle-ci pose des problèmes que seule la religion chrétienne peut résoudre selon lui. Il s'attache dès lors à élaborer une apologie du christianisme.

L'apologétique pascalienne

Les *Pensées* sont entièrement vouées au **projet apologétique** du philosophe : il s'agit pour lui d'exalter la religion chrétienne et de justifier la croyance, pour susciter l'adhésion des libertins à la foi chrétienne.

L'œuvre contient **deux grandes parties** :

- la première, « Misère de l'homme sans Dieu », est presque entièrement rédigée et traite de l'énigme de la nature humaine. Le philosophe souligne le tragique de la condition de l'homme, à la fois grand et misérable, qui se fourvoie dans le divertissement ;
- la seconde, « L'homme avec Dieu », est fragmentaire et courte, et désigne la religion chrétienne comme seule clé du mystère.

BON À SAVOIR

C'est en 1656 que Pascal a l'idée d'écrire une *Apologie de la religion chrétienne*, qu'il rédige par intermittence en raison de sa maladie et qu'il interrompt en 1661 (date supposée). Les notes et liasses qui devaient constituer l'œuvre sont retrouvées après sa mort, en désordre. L'enjeu pour les éditeurs est dès lors d'essayer de présenter de façon cohérente un ensemble disparate d'écrits.

Les premières éditions adoptent un classement thématique et censurent certains fragments jugés trop provocateurs. Ainsi *Les Pensées* de M. Pascal sur la religion et quelques autres sujets qui ont été trouvées après sa mort parmi des papiers (1670), édition dite de Port-Royal, et celle de Bossut (1779) ne tiennent aucunement compte des intentions de l'auteur.

La première édition complète est publiée en 1844 par Faugère. Mais c'est Lafuma qui, le premier, classe en 1951 les fragments selon les volontés de l'auteur, édictées dans deux copies du manuscrit original découvertes à la même époque. La plupart des éditions postérieures prennent la même orientation.

Grandeur et misère de l'homme

Pascal décrit le vertige de la condition humaine, située entre deux infinis : l'infiniment grand et l'infiniment petit. En effet, l'homme, au regard de la nature, n'est rien, mais au regard du néant, il est tout (<u>citation 2</u>).

* Il est dépeint comme une créature :
* chimérique, gémissante, inquiète et vaniteuse ;

- déchirée par ses contradictions ;
- perdue dans un univers incompréhensible ;
- ignorante de la raison de son existence ici et maintenant ;
- ayant pour seule certitude celle de sa mort.

Cette condition a pour origine le péché originel. Avant la chute, l'homme vivait aux côtés de Dieu et, même si ce n'est plus le cas, il se souvient instinctivement de cette félicité originelle. Mais si **l'homme est misérable**, égaré dans un recoin de l'univers, sans savoir qui l'y a mis ni ce qu'il est venu y faire, il est également grand : **c'est sa pensée qui fait toute sa grandeur**. Il est en effet le seul être de la création à avoir conscience de sa misère (citation 3).

Néanmoins, **la pensée est pétrie de faiblesses**, car elle est sans cesse trompée par les sens et par l'imagination. Dès lors, cela engendre des comportements humains hasardeux et des opinions changeantes. Pascal détaille les travers de la nature humaine, notamment :

- l'amour-propre, qui consiste à n'aimer que soi et empêche de percevoir la vanité et la vacuité de cet amour de soi ;
- la concupiscence, qui constitue souvent le moteur de nos actions ;
- la confusion de la coutume et de la nature, qui fausse les jugements des hommes et les empêche de remettre en cause l'ordre établi.

Il souligne ainsi le **caractère dualiste de la nature humaine**, à mi-chemin **entre l'animal et l'ange** : l'homme est guidé à la fois par ses instincts et par son entendement.

Le divertissement

L'homme tend à fuir le tragique de sa condition en se plongeant dans une agitation effrénée, grâce au divertissement (« moyen de se détourner de soi », au sens étymologique). Il se trouve alors dans un état d'excitation et d'inquiétude perpétuel. Ces gesticulations, que Pascal juge inutiles, sont pour lui un moyen d'oublier sa condition d'être fini, voué à mourir, de combler son vide existentiel.

Pascal souligne cependant que c'est justement le divertissement qui engendre le malheur des hommes (citation 4). Autrement dit, **le divertissement est la plus grande misère humaine**. En effet, **il empêche l'homme d'exercer sa pensée**, qui est justement le principe de sa grandeur. Finalement, le divertissement ne sauve donc en rien l'homme de sa triste condition.

Si aucun divertissement ne peut satisfaire l'homme, c'est parce que sa situation avant la chute a laissé en lui un gouffre immense et infini qui ne peut être comblé que par Dieu. Ainsi, **seule la religion peut garantir le bonheur humain** (citation 5). Par ailleurs, il n'y a que Dieu qui puisse rendre l'homme capable de comprendre sa double nature de créature misérable et grande à la fois.

La foi comme confiance

Lorsque Pascal parle de religion, il désigne **le christianisme**. Il s'agit selon lui de l'unique système de croyance efficace dans la mesure où c'est le seul à rendre compte des deux caractères contradictoires de la nature humaine (sa misère et sa grandeur). Par conséquent, le philosophe rejette toute autre confession, de même que la philosophie elle-même, qu'il juge inapte à découvrir le bien et le vrai.

Selon Pascal, il n'existe pas de preuves rationnelles de l'existence de Dieu : **la foi n'est pas une connaissance, mais une confiance** (comme l'indique l'étymologie latine, *fidès*) sans base rationnelle. Ainsi, elle ne relève pas de l'ordre géométrique, mais de **l'ordre du cœur** (<u>citation 6</u>). Ceux qui cherchent à connaitre Dieu grâce à la raison commettent une faute appelée la « confusion des ordres », celui du cœur et celui de la raison.

L'argument du pari

Pour amener le libertin à se convertir, **Pascal utilise alors l'argument du pari** : il veut inciter les libertins à aller vers Dieu en leur prouvant qu'ils n'ont rien à perdre et au contraire **tout à gagner à parier sur l'existence de Dieu**.

Ne pouvant prouver rationnellement l'existence de Dieu, on doit forcément avoir recours au pari : il s'agit de parier pour ou contre l'existence de Dieu. On n'a pas le choix. Or les deux alternatives possibles se révèlent être sans commune mesure. En effet, on a rien à perdre et tout à gagner en pariant sur l'existence de Dieu :

- d'une part, notre mise, soit notre vie terrestre, sera de toute façon gardée ;
- d'autre part, on aura accès au bonheur, puisque le bonheur véritable ne peut être garanti que par Dieu.

Même si les chances de gagner sont incertaines, le gain sera infini : l'homme a tout à gagner à parier sur l'existence de Dieu puisque l'enjeu est celui d'une félicité éternelle. Et si Dieu n'existe pas, l'homme ne perd rien et, après sa mort, retournera tout simplement au néant. Il faut donc parier sur l'existence de Dieu et croire. **L'ultime salut de l'homme réside dans sa conversion à la religion** (citation 7).

Ainsi, Pascal dépeint la condition humaine suspendue entre le néant et l'infini, et en proie à des affres existentielles. L'homme tente d'échapper à sa condition d'être limité et fini en s'étourdissant dans le divertissement, mais le philosophe lui propose une autre alternative : parier sur l'existence de Dieu et placer sa vie sous l'égide de la foi. À partir de là, Pascal élabore une morale en faisant des propositions concrètes aux hommes. Sa réflexion morale se façonne à l'aune de la charité et elle s'ancre dans des déterminations d'ordre politique et social.

LA MORALE

La charité

La charité incarne ce lieu dans lequel il faut se trouver pour découvrir la vraie foi. En d'autres termes, c'est l'amour de Dieu et des autres hommes qui conduit à la connaissance de Dieu. Cet amour a pour objet le vrai bien (et non pas des biens matériels) et la justice, et son modèle est le Christ, qui constitue le plus haut personnage charitable.

Les hommes peuvent accéder à la charité par la grâce de Dieu. C'est en se convertissant au christianisme et donc en pariant sur l'existence de Dieu qu'ils pourront cheminer vers le vrai bien. La grâce divine touche tous les hommes qui ont fait le choix de se tourner vers Dieu.

La politique et la société

Pascal constate que **les notions de justice et d'injustice sont source de conflit**. Alors qu'Aristote (384-322 av. J.-C.) pensait que le jugement moral juste était un juste milieu entre deux opinions excessives, Pascal refuse à l'homme la capacité de trouver ce juste milieu. Car dans le domaine politique, il constate que **c'est le plus souvent la force qui s'impose** et éradique les divergences d'opinion. Cet usage de la force est le signe de la nature corrompue de l'homme.

Selon leur manière d'appréhender le pouvoir établi, le philosophe définit **cinq catégories d'hommes**, des plus naïfs aux plus éclairés :

- le **peuple** respecte l'ordre établi sans jamais le remettre en cause ni même interroger ses fondements ;
- les « demi-habiles », c'est-à-dire les **libertins**, remettent en question les institutions établies et envisagent la possibilité d'un changement. Pascal les désigne comme des agitateurs ;
- les **dévots** remettent en question le régime politique établi et veulent mettre en place un ordre religieux ;
- les « **habiles** » s'accommodent des dysfonctionnements de l'ordre établi, car celui-ci garantit la pérennité de leur statut. Ces hommes-là sont pleinement conscients des injustices, mais ils respectent le système établi ;
- la dernière catégorie constitue une minorité de « **vrais**

chrétiens », uniquement préoccupés par le salut de leur âme et leur rapport intime à Dieu. C'est cette conception du catholicisme janséniste que les *Pensées* exaltent avec fougue.

La religion se fait donc nécessité intérieure et doit irriguer la société de ses préceptes tels que la charité. Pascal invite tous les hommes à devenir de vrais chrétiens et à façonner ainsi une vie et une société plus justes.

Les recherches de Pascal se déploient dans une multitude de domaines et il élabore une **pluralité de méthodes** pour atteindre la connaissance vraie : l'esprit doit s'ajuster au domaine qu'il traite en adaptant ses méthodes.

La vérité s'acquiert à la fois par **l'expérience**, par **l'esprit géométrique**, lié à l'usage de la raison, et par **l'esprit de finesse**, orienté par le cœur. Ces différents modes de connaissance doivent **se combiner pour atteindre la vérité**. En outre, la transmission de la connaissance vraie est indissociable de l'art de persuader.

Dans les *Pensées*, Pascal évoque le **caractère dualiste de l'homme** : d'une part, celui-ci est misérable, perdu dans un univers incompréhensible dont il ignore tout et, d'autre part, il est grand grâce à sa pensée.

L'homme tente d'oublier le tragique de sa condition en se plongeant dans une **quête effrénée de divertissement**, mais, selon le philosophe, c'est justement ce qui engendre son malheur : le divertissement empêche l'homme d'exercer sa pensée, le principe de sa grandeur. Seule la religion peut garantir le bonheur humain.

Afin d'amener les libertins à se convertir, étant donné qu'il n'existe pas de preuves rationnelles de l'existence de Dieu, Pascal utilise **l'argument du pari** : on n'a rien à perdre et au contraire tout à gagner à parier sur l'existence de Dieu puisque l'enjeu est une félicité éternelle.

Pascal élabore par ailleurs **une morale fondée sur la charité**, sur l'amour de Dieu et des autres hommes. Cela conduit à la connaissance de Dieu.

POUR ALLER PLUS LOIN

- BESNIER (Jean-Michel), *Histoire de la philosophie moderne et contemporaine*, Paris, Le Livre de Poche, 1998.
- BRÉHIER (Émile), *Histoire de la philosophie*, Paris, PUF, 2012.
- CARRAUD (Vincent), *Pascal et la philosophie*, Paris, PUF, 2008.
- GOUHIER (Henri), *Blaise Pascal : commentaires*, Paris, Vrin, 2000.
- PASCAL (Blaise), *Pensées*, édition Lafuma, Paris, Seuil, 1992.
- ROSSET (Clément), *Logique du pire*, Paris, PUF, 2008.

TESTEZ VOS CONNAISSANCES !

ASSOCIEZ CHAQUE CITATION À L'EXPLICATION QUI LUI CORRESPOND

Citation 1 : « Connaitre la vérité par la raison et la sentir par le cœur sont donc deux choses différentes, mais elles doivent coexister afin d'atteindre la vérité. » (*Pensées*, Paris, Seuil, 1992)

Citation 2 : « [...] Qu'est-ce que l'homme dans la nature ? Un néant à l'égard de l'infini, un tout à l'égard du néant, un milieu entre rien et tout. » (*Op. cit.*, pensée 72-199)

Citation 3 : « L'homme n'est qu'un roseau, le plus faible de la nature ; mais c'est un roseau pensant. [...] Une vapeur, une goutte d'eau, suffit pour le tuer. Mais, quand l'univers l'écraserait, l'homme serait encore plus noble que ce qui le tue, puisqu'il sait qu'il meurt, et l'avantage que l'univers a sur lui, l'univers n'en sait rien. » (*Op. cit.*, pensée 347-200)

Citation 4 : « Tout le malheur des hommes leur vient [du fait] de ne pas savoir demeurer au repos dans une chambre. » (*Pensée* 139-136)

Citation 5 : « Tous les hommes recherchent d'être heureux ; cela est sans exception ; quelques différents moyens qu'ils y emploient, ils tendent tous à ce but. [...] Et cependant, depuis un si grand nombre d'années, jamais personne, sans la foi, n'est arrivé à ce point où tous visent continuellement. » (*Op. cit.*, pensée 425)

Citation 6 : « C'est le cœur qui sent Dieu et non la raison. Voilà ce que c'est que la foi : Dieu sensible au cœur, non à la raison. » (*Op. cit.*, pensée 278)

Citation 7 : « Pesons le gain et la perte, en prenant croix que Dieu est. Estimons ces deux cas : si vous gagnez, vous gagnez tout ; si vous perdez, vous ne perdez rien. Gagez donc qu'il est, sans hésiter. » (*Op. cit.*, pensée 233)

Explication a : si l'homme est faible et misérable, il est également grand par sa faculté de penser.

Explication b : la foi n'est pas une connaissance rationnelle, mais une confiance qui relève de l'ordre du cœur.

Explication c : pour atteindre la connaissance vraie, une pluralité de méthodes sont nécessaires : en effet, l'esprit doit s'ajuster au domaine qu'il traite en adaptant ses méthodes.

Explication d : le divertissement tant recherché par l'homme est pourtant son plus grand malheur.

Explication e : les hommes cherchent par tous les moyens à être heureux, or seul Dieu peut leur garantir la félicité.

Explication f : c'est grâce à la charité, autrement dit à l'amour de Dieu et des autres hommes, qui a pour objet le vrai bien (et non les biens matériels), que l'on accède à la connaissance de Dieu.

Explication g : l'esprit géométrique, lié à l'usage de la raison, et l'esprit de finesse, orienté par le cœur, sont deux modes de connaissance complémentaires pour atteindre la vérité.

Explication h : seuls les vrais chrétiens, uniquement préoccupés par le salut de leur âme et leur rapport à Dieu, sont aptes à façonner une vie et une société plus justes.

Explication i : l'homme, au regard de la nature, n'est rien, mais au regard du néant, il est tout.

Explication j : on a tout à gagner et rien à perdre à parier sur l'existence de Dieu : si on gagne, on gagne la félicité éternelle, si on perd, on ne perd rien.

Rendez-vous sur lepetitphilosophe.fr et découvrez :

Plus de 1200 analyses
Claires et synthétiques
Téléchargeables en 30 secondes
À imprimer chez soi

L'éditeur veille à la fiabilité des informations publiées, lesquelles ne pourraient toutefois engager sa responsabilité.

www.lepetitphilosophe.fr

ISBN version numérique : 978-2-8062-4962-3
ISBN version papier : 978-2-8080-0139-7
Dépôt légal : D/2017/12603/523

Conception numérique : Primento,
le partenaire numérique des éditeurs.

Made in the USA
Monee, IL
07 July 2026

56545178R00020